Mandie Davis
& Pete Williamson

First published by Les Puces Ltd in 2017
ISBN 978-0-9954653-7-4
© October 2017 Les Puces Ltd
www.lespuces.co.uk
Original artwork © October 2017 Pete Williamson and Les Puces Ltd

Egalement disponible chez Les Puces

Consultez notre boutique en ligne sur www.lespuces.co.uk

L'Autre Chemin pour La Ville

aux grandes adventures qui
sont nées de petites idées !

Noël arrivait à grands pas, alors Papa emmena India Mouse et Willow Star en ville pour acheter les cadeaux de Noël pour la famille.

Le chemin pour la ville passait par une colline très raide. India Mouse ne voulait pas la gravir à nouveau ce jour-là. « Pouvons-nous emprunter l'autre chemin pour la ville ? » demanda-t-elle, en indiquant la direction opposée. Papa y réfléchit pendant un instant, puis dit « Oui ! Pourquoi pas ! »

L'autre chemin les mena jusqu'à la mer. Heureusement, un ferry s'apprêtait à partir, ils achetèrent alors des billets et furent vite assis confortablement à bord.

Ils arrivèrent à la nuit dans une ville où les gens dansaient au joli son d'une guitare, et un chien géant était recouvert de fleurs.

India Mouse et Willow Star étaient fatiguées d'avoir beaucoup dansé. « Ne vous inquiétez pas » dit Papa, « Vous pouvez toutes les deux vous blottir l'une contre l'autre dans la poussette et je vous pousserai pendant que vous dormirez. »

Quand elles se réveillèrent, elles virent un endroit mystérieux. Les bâtiments étaient formés de dômes et de piques touchant le ciel, certains étaient même comme d'énormes triangles. « Viens voir les pyramides ! » dit un homme sympathique qui passait à dos de chameau.

« Nous allons jeter un coup d'œil » dit Papa,
« mais nous sommes en chemin pour faire
nos courses de Noël. »

Ils voyagèrent pendant longtemps à travers un monde qui était devenu couleur sable, jusqu'à ce qu'ils arrivent à une ville dont le centre était un émerveillement de couleur.

Ils levèrent la tête pour regarder les colonnes colorées faites de personnes, d'éléphants et de vaches. De grands oiseaux volaient au-dessus d'eux et India Mouse se demanda s'il était possible de monter jusqu'en haut.

Finalement, ils revinrent à la mer. Ils montèrent tous dans la poussette avec Willow Star, et Papa pagaya jusqu'au rivage.

C'était comme à la maison, car il y avait des sapins et des lumières de Noël... mais sur la plage ! « Quel drôle d'endroit. » pensa India Mouse. « C'est comme si le monde était à l'envers ! » Ils firent un barbecue à midi, qu'ils partagèrent avec des kangourous, avant de continuer sur le chemin pour la ville.

Deux sympathiques oiseaux noirs et blancs avec de longues pattes et des cercles rouges sur leur tête proposèrent de les aider. Ils montèrent sur leur dos et volèrent au-dessus du monde.

Les pattes longues et fines de l'oiseau peinaient à tenir la poussette, alors lorsqu'il balayait les montagnes recouvertes de neige, la famille monta dans celle-ci et l'oiseau lâcha prise !

La poussette dégringola et se prit à un long câble. Ils glissèrent tous le long des montagnes vers un lac magnifique.

« On est bientôt arrivés ? » demanda India Mouse. Les enfants étaient fatigués. « Je n'en sais rien » dit Papa. Il les recouvrit d'une couverture et elles se blottirent l'une contre l'autre. Peu après, elles dormaient à poings fermés.

Le lendemain matin, le soleil était si chaud que Willow Star s'était découverte et riait dans la lumière dorée. « Nous devons y aller » dit Papa, mais il les laissa monter et descendre les escaliers d'un vieux palais en courant. Les gens parlaient une langue ressemblant au français et disaient que le palace était un endroit sans souci.

Moitié réveillés et moitié rêvant, ils voyagèrent à travers des terres de glace et d'eau, où le ciel était vert et violet. India Mouse rêva de chez elle et de leur petite maison près de la mer.

Finalement, de retour à la maison, India Mouse et Willow Star regardèrent les cadeaux de Noël inhabituels qu'elles avaient rassemblés. Elles avaient maintenant besoin de papier cadeau. « Quel chemin pour la ville allons-nous prendre ? » demanda Papa. « Ce chemin » répondirent rapidement les deux fillettes, en montrant la colline bien sûr !

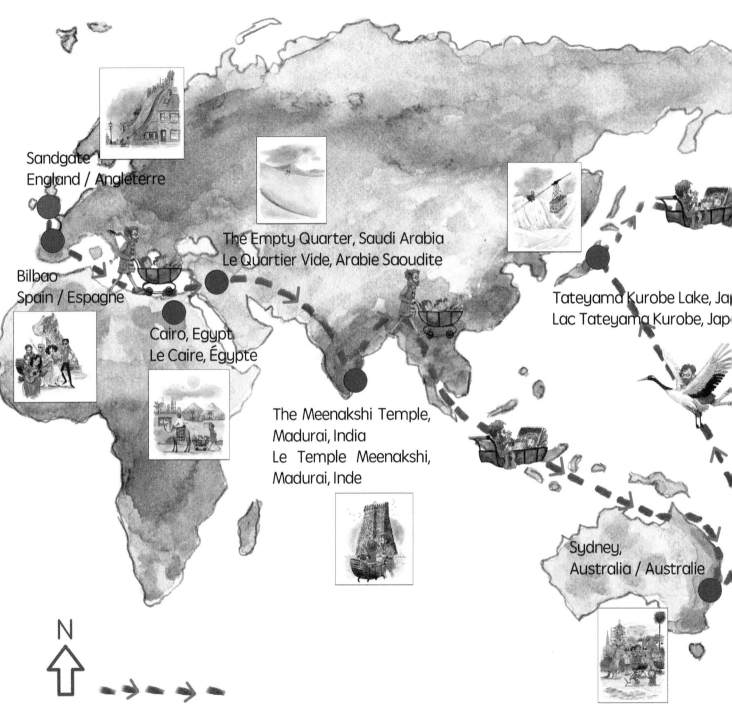

Sandgate
England / Angleterre

Bilbao
Spain / Espagne

The Empty Quarter, Saudi Arabia
Le Quartier Vide, Arabie Saoudite

Cairo, Egypt
Le Caire, Égypte

Tateyama Kurobe Lake, Ja
Lac Tateyama Kurobe, Jap

The Meenakshi Temple,
Madurai, India
Le Temple Meenakshi,
Madurai, Inde

Sydney,
Australia / Australie

N

Route taken to go the other way into town, around the world, traveling East.
Route parcourue pour aller par un autre chemin à la ville, à travers le monde, voyageant à l'est.

The Map

La Carte

The Nothern Lights, Greenland
Les Aurores Boréales, Groenland

Home! Sandgate, England
Ma maison ! Sandgate, Angleterre

Sans-Souci Palace, Haiti
Palais Sans-Souci, Haïti

Finally, back home, India Mouse and Willow Star looked at all the unusual Christmas presents they had collected. They needed some wrapping paper now. "Which way shall we go into town?" asked Daddy. "That way!" answered both the girls quickly, pointing up the hill of course!

Half awake and half dreaming, they travelled through lands of ice and water, where the sky was green and purple. India Mouse dreamed of home and their little cottage by the sea.

The next morning, the sun was so warm that Willow Star had kicked off the covers and was laughing in the golden light. "We must keep going" said Daddy, but allowed them to run up and down the steps of an old palace. The people spoke a language like French and said the palace was a place of no worries.

"Are we nearly there yet?" asked India Mouse. The children were tired. "I have no idea." said Daddy. He covered them in the blanket and they cuddled up together. They were soon fast asleep.

The pram drifted down and caught on a long cable. They slid down from the mountains towards a magnificent lake.

The long thin legs of the bird struggled to hold onto the pram, so as it swooped low over snow covered mountains, the family climbed in and the bird let it go!

Two friendly black and white birds with long legs and red circles on their heads offered to help them. So they climbed onto their backs and sailed above the world.

This felt like home as there were Christmas trees and lights... but on the beach! "This is a strange place." thought India Mouse. "It seems like the world is upside down!" They had a barbecue lunch, which they shared with kangaroos, before continuing on their way into town.

Eventually they came to the sea again. They all climbed into the pram with Willow Star and Daddy rowed them to land.

They looked up at bright columns made of people, elephants and cows. Large birds soared above them and India Mouse wondered if it was possible to climb to the top.

They travelled forever across a world which had become the colour of sand, until they came to a city where the centre was a blast of colour.

"We will have a quick look” said Daddy, “but we are on our way to do our Christmas shopping.”

When they woke, they looked around at a mysterious place. The buildings were shaped with domes and spires reaching high into the sky, some were even like huge triangles. "Come to see the pyramids!" called a friendly man riding past on a camel.

India Mouse and Willow Star were tired from all the dancing. "Don't worry" said Daddy, "You can both cuddle up in the pram together and I will push you while you sleep."

They arrived at night in a city where people stamped their feet to beautiful guitar music and a giant dog was covered in flowers.

The other way soon brought them to the sea. Luckily there was a ferry about to leave, so they bought tickets and were soon comfortably on board.

The way into town was up a very steep hill. India Mouse didn't want to walk up there again today. "Can we go the other way into town?" she asked, pointing in the opposite direction. Daddy thought about this for a while, then said "Yes! Why not!"

Christmas would soon be here so Daddy was taking India Mouse and Willow Star into town to buy Christmas presents for the family.

The Other Way into Town

to big adventures that
spring from little ideas!

Also available from Les Puces

Visit the shop on our website at www.lespuces.co.uk

Mandie Davis
& Pete Williamson

First published by Les Puces Ltd in 2017
ISBN 978-0-9954653-7-4

Lightning Source UK Ltd.
Milton Keynes UK
UKOW07f1903101017
310723UK00006B/40/P